La migración de la tortuga laúd

Grace Hansen

LA MIGRACIÓN ANIMAL

Abdo
Kids

abdopublishing.com

Published by Abdo Kids, a division of ABDO, P.O. Box 398166, Minneapolis, Minnesota 55439.

Copyright © 2018 by Abdo Consulting Group, Inc. International copyrights reserved in all countries. No part of this book may be reproduced in any form without written permission from the publisher.

Printed in the United States of America, North Mankato, Minnesota.

102017

012018

 THIS BOOK CONTAINS RECYCLED MATERIALS

Spanish Translator: Maria Puchol

Photo Credits: Alamy, Glow Images, iStock, Minden Pictures, National Geographic Creative, Science Source, Shutterstock

Production Contributors: Teddy Borth, Jennie Forsberg, Grace Hansen

Design Contributors: Dorothy Toth, Laura Mitchell

Publisher's Cataloging in Publication Data

Names: Hansen, Grace, author.

Title: La migración de la tortuga laúd / by Grace Hansen.

Other titles: Leatherback turtle migration. Spanish

Description: Minneapolis, Minnesota : Abdo Kids, 2018. | Series: La migración animal |
     Includes online resources and index.

Identifiers: LCCN 2017945872 | ISBN 9781532106422 (lib.bdg.) | ISBN 9781532107528 (ebook)

Subjects: LCSH: Leatherback turtle--Juvenile literature. | Sea turtles--Migration--Juvenile literature. |
     Animal migration--Juvenile literature. | Spanish language materials--Juvenile literature.

Classification: DDC 597.92--dc23

LC record available at https://lccn.loc.gov/2017945872

Contenido

La tortuga laúd

Las tortugas laúd viven en todos los océanos del mundo. Se las puede ver tan lejos al norte como en Alaska. Y se las ha visto tan lejos como en el sur de África.

Esta tortuga es la más grande del
mundo. Puede crecer hasta 10
pies (3m) de largo. Y puede pesar
hasta 2,000 libras (907 kg.).

Las tortugas laúd viajan más que cualquier otra tortuga marina. ¡Algunas llegan a nadar hasta 10,000 millas (16,093 km) cada año!

9

Estas tortugas pasan la mayoría del tiempo en aguas frías lejos del **ecuador**. Se alimentan de medusas y de otros **invertebrados** de cuerpo blando.

Las tortugas laúd **se aparean** después de haberse alimentado suficiente. Entonces comienza su gran viaje.

Un largo camino

Las hembras migran a playas **tropicales** cerca del **ecuador** para poner sus huevos.

14

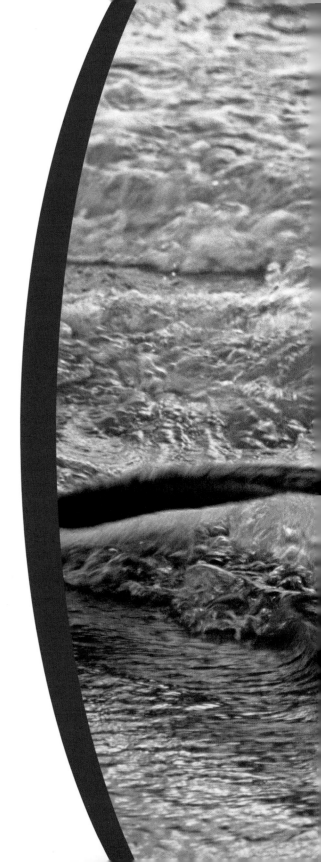

La mayoría de estas hembras vuelven a la misma playa cada año. Algunas van a otras playas de la misma zona.

La hembra busca un lugar seguro en la playa. Hace su nido cavando un hueco con sus patas, pone los huevos dentro y los cubre de arena.

El viaje de regreso

Las crías salen de los huevos alrededor de 60 días después. La hembra puede que **críe** más veces durante esta temporada. Pero también es posible que comience de inmediato el largo camino de regreso. ¡A comer más medusas!

Algunas rutas de las tortugas laúd

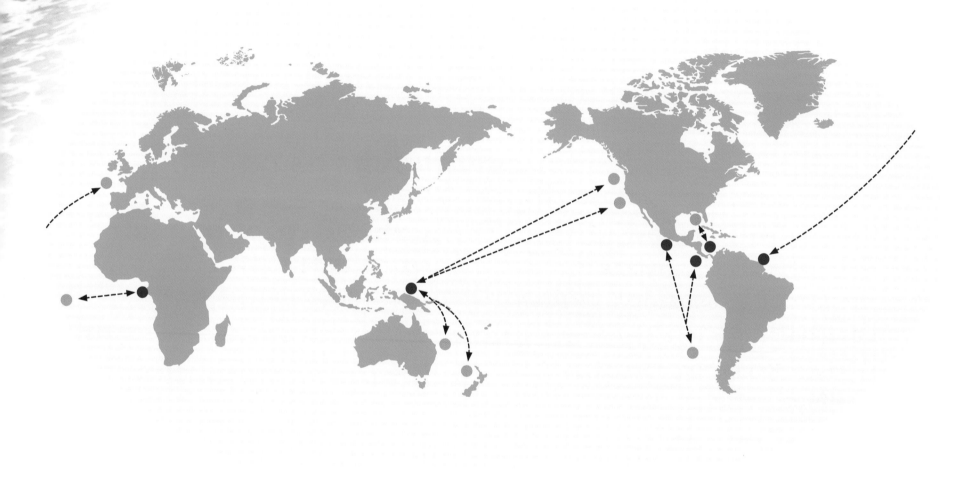

● Alimentación ● Anidación ◄------► Ruta

Glosario

aparearse – juntar machos y hembras de animales para tener crías.

criar – tener crías.

ecuador – línea imaginaria alrededor del centro de la Tierra. Los lugares más lejanos del ecuador son generalmente los más fríos.

invertebrado – animal que no tiene columna vertebral.

tropical – donde las temperaturas son altas y las plantas crecen durante todo el año. Se da en lugares cerca del ecuador.

Índice

Abdo Kids ONLINE

FREE! ONLINE MULTIMEDIA RESOURCES

¡Visita nuestra página abdokids.com y usa este código para tener acceso a juegos, manualidades, videos y mucho más!

Código Abdo Kids:

ALK0291